Ben Kretlow

benjamin winter.
Mixtape

Gedichte

poeme_edition:kieber

Bibliografische Information der Deutschen
Nationalbibliothek:
Die Deutsche Nationalbibliothek verzeichnet diese
Publikation in der Deutschen Nationalbibliografie;
detaillierte bibliografische Daten sind im Internet über
http://dnb.dnb.de abrufbar.

Kontakt: Email – info@benkretlow.de
Instagram - @benstagram1985
Facebook – www.facebook.com/pages/Ben-Kretlow

Herstellung und Verlag: BoD – Books on Demand,
Norderstedt

ISBN: 978-3-7568-8760-6

"weißt du, woran ich am meisten glaube?
ich denke, dass ich nicht meer laufe,
sondern nun weiß, wo ich wirklich bin.
& wenn ich mich so umschaue
+ anfange, dass ich mich traue,
ja, macht ein puzzleteil neben dem andern
endlich sinn (...)"

dass du dich niemals vergisst *(Auszug)*
© Ben Kretlow. Geschrieben am 22.07.2022

A.

01. benjamin winter
02. licht im viertel
03. superpower
04. 4 minuten weiter als der regen
05. gewitter
06. drehs auf!
07. das klirren der nacht
08. ozean
09. goldmond
10. schattentanz
11. dämmerung
12. rohschnitt
13. keine wolken

benjamin winter

ich heiße benjamin winter,
& wenn es draußen stürmt, sehe ich
in den himmel, & wenn ich keine sterne
sehe dann, male ich mit meinen worten welche,
ja, die halbe nacht

Geschrieben am 13.03.2019/15.10.2022

licht im viertel

das deckende licht in den fenstern. nasses laub
auf den straßen hier im viertel, das an deinen
schuhen klebt, während du so treibst zwischen
den höfen: ¾ zehn + die dunkelheit breitet sich
längst aus, während wirs gar nicht bemerkten,
wie der tag schleichend zur nacht wurde. du
zum beispiel hast ihn schon vergessen: seine töne,
seine wechsel + farben, sein gut, ja, und sein böse.
ach, immer dasselbe lied, sagst du, & alle rollense
mit ihren augen, aber wissen im tiefsten ganz
genau, eigentlich hast du recht.
du, als kind hab ich mir immer gewünscht,
& vielleicht nur noch das zum schluss, ich könnt
mit den regentropfen in der luft die sonne malen,
aber heute weiß ich, keiner von uns weiß wie
+ knipst sie nie so richtig an

Geschrieben am 15.10.2022

13

superpower

manchmal denk ich, ich könnt das ganze chaos
der welt niederreißen + wirklich was bewegen
mit dem, wofür ich glüh. ja, so, als wär ich
der fuckin' bruce wayne oder peter parker
oder deadpool höchstpersönlich: einfach alles
wegballern, was uns niederschmettern will
+ so die fahne hochhalten für wen auch immer,
der es grade braucht.
& dann sitze ich in meinem zimmer zwischen
gepackten sachen, das licht der kerze
der einzige schein, in dessen blitze ich uns alle
tanzen sehe, aber sehe ich mich grade so um,
du, dann beweg ich in wirklichkeit eigentlich
gar nichts

Geschrieben am 11.10.2022

4 minuten weiter als der regen

1. mach selbst die regeln + dann brich sie alle,
bevor du 2. wählst, ob du mein hell oder dunkel bist,
ja, in dem moment, wenn ich falle
3. belächel mich, als ob ich so gut wie
                                gar nichts schnalle,
dass 4. nichts meinen sturz aufhalten wird,
bevor ich aufm beton der wirklichkeit aufpralle

Geschrieben am 15.10.2022

gewitter

draußen dröhnt so viel gewitter,
& niemand von uns weiß es irgendwie besser
so viel unruhe, die die straßen bestimmt
so viel halbes, in dem jeder von uns schwimmt
ich wünscht, deine furcht wär kein minus, nein:
ich wünscht, deine hoffnung, ja, wär dein messer

drehs auf!

nein, du brauchst keine wolken, um zu fliegen,
& alle bilder in deinem kopf bleiben klar
du kannst rennen + stoppen, ja,
                    bevor sie dich kriegen,
aber wovor du nicht fliehen kannst,
             ja, das ist wahr

du kannst deine träume bunt manipulieren – okay,
aber wofür, sag, brauchst du wirklich diesen ton?
& vielleicht kann ich deine pläne nicht ganz greifen,
                  doch ich versteh
immerhin die hälfte davon schon

& dann treibst du zwischen den zeilen
+ der rhythmus zeichnet deine schritte,
während im beat alle worte pushen + weilen
bunte lichter non-artifiziell hinein
           in deine mitte

Geschrieben am 16.10.2022

das klirren der nacht

ich werde das klirren der nacht. leise oder
laut oder unbemerkt werde ich selbst das rauschen
der wellen damit übertönen, & wenn du mich
dann hörst, bin ich nur noch die stille.
oder ich werde der wind gegen die mole sein,
wenn er dort laut + lauter bricht, bevor ich
umkehre zurück auf die kalte, dunkle see.
du, ich bin das alles. so wie ich ein funken
am himmel bin, der niemandem auffällt.
ich bin das rascheln der äste. ich bin
das gewitter jetzt über der stadt + über den feldern.
jetzt bin ich das schweigen zwischen den zeilen,
weißtdu?, die ich niemandem meer schreibe,
oder wie ein flüstern, das sich selber nicht
meer erklärt, wenn es denn mal spricht
am morgen

Geschrieben am 03.10.2022

ozean

gefühlt isses n ozean, der grade zwischen uns
liegt. ich hier + du am andern rand der stadt.
zu sehen, wie dein auto eben davon fuhr im
regen, und ich, der sich wünscht, er müsste nie
wieder aussteigen in der nacht.
das licht in der wohnung wird wärmer + wärmer,
weißtdu? denn du hast echtes leben + tiefste liebe
hier reingebracht: ja, du, alle wände reden von dir.
die fotos in den goldenen rahmen erzählen
momente unsrer geschichte, & die kissen im bett, ja,
tragen alle deinen duft. ich tauche ein in dir,
bis ich wieder in der küche sitze + die musik so
laut, dass ich nicht bemerk, nein, du öffnest grade
leise: die tür

Geschrieben am 15.10.2022.
Für mein Babyherz

goldmond

der mond rührt unsre geschichte an jede nacht.
er hält unsre lichtpunkte fest + kreist sie ein
+ wusste noch vor uns, dass das leben vorher
dir diesen + mir jenen weg gab, an deren
gemeinsamen kreuzung wir uns schließlich
finden würden.
du, er hatte recht: ich kann einfach nie meer
einschlafen ohne dich. & ich will das tiefdunkle
knistern deiner augen für immer auf mir spüren,
wenn ich zum beispiel so wach vor dir liege
+ die berührungen deiner lippen dabei alles
sagen, so ohne irgendein wort + nur mit deiner
bewegung, ja, deiner geste, während wir dabei
gemeinsam aufhören, die zeit zu zählen.
ich will dein leben sein. deine stille, dein gold.
ich will an jedem tag zu dem ort werden, von dem
du sagst: baby, von hier geh ich nie meer weg.

Geschrieben am 21.10.2022, 22.46 Uhr.
Für mein Babyherz

schattentanz

ich bin nichts, was du siehst. ich bin vielleicht
ein gedanke, & dazu ein flüchtiger, vielleicht
ein halbsatz, der genauso schnell aus deinem
bewusstsein verschwindet, wie er zu dir kam.
   ich bin unauffällig wie staub; nur dünner,
verzichtender. & falls du mich hörst, bin ich
das klirren der nacht. ich bin einer von hundert
regentropfen auf deiner fensterbank, die du
aber alle gar nicht meer bemerkst.
du, ich tanze die ganze zeit im schatten. ich
tanze im dunkeln. ich bin wie ein flirren so laut
+ leise in einem deiner träume, die du alle
schon vergisst, während du noch schläfst

Geschrieben am 23.10.2022

dämmerung

vielleicht hast du der nacht geglaubt,
aber nicht alles, was sie sagen, weißtdu?,
scheint wie gold. du, diese welt lügt dir
                                    ins gesicht.
sobald ihre leeren hüllen denken, sie
können dir einflüstern, was auch immer
fürn gift sie grade verbreiten, umschmeicheln
sie deine sinne + verführen dich mit illusionen,
hinter deren bilder die kälteste dunkelheit
auf dich wartet, die du je gespürt hast.
ich wünsch dir, dass du aufwachst. ich wünsch
dir, dass all die scherben in dir sich zu etwas
zusammensetzen, das dich wieder beruhigen
kann eines tages. ja, wien licht so hell, weißtdu:
das du in dir tief immer noch misst.

Geschrieben am 27.10.2022

rohschnitt

& dann der tau in dem rest dunkelheit am morgen.
die spuren der letzten schritte auf den feldern
+ bloß diese ruhe, wenn du nichts sprichst.
nein, schau nicht zurück: nur tropfen + der geruch
von benzin an deinen händen, als du ahnst,
so eine art der kühle für irgendwas spürst du
ab jetzt nie wieder

Geschrieben am 28.10.2022

keine wolken

wir brauchen keine wolken, um zu fliegen
isn stift nicht schon waffe zu viel,
            um einander zu bekriegen?
was ist, wenn wir mal ne minute
             vorm himmel in stille liegen?
glaub mir, son moment könnt vielleicht
deine tränen wandeln in ein "verziehen"

aber vielleicht hast du dich auch schon
               längst entschieden:
vielleicht sind deine arme wieder offen /
vielleicht wird manches ganz bewusst
               vermieden:
wohin willst du deine träume schieben?
woran hast du dich das eine mal zu viel
               aufgerieben?
glaub mir, irgendwann merkst du genau,
wer wahrheit spricht oder dich verwebt
               in intrigen,
& dann, ja, wird dein frieden siegen:

ich wünsch dir für immer *deine* art der stille /
ich wünsch dir für immer genau *dein* lieben
& vielleicht, ja, kannst du irgendwann fliegen
vielleicht irgendwann wirklich fliegen

Geschrieben am 28.10.2022

B .

14. was ist / zwischenstand I
15. mondtänzer [latenite rausch remix]
16. oktober
17. flammen
18. lass die welt warten [nächstermorgen:remix]
19. was ist / zwischenstand II
20. (du weißt, du bist) meer
21. (ich weiß, ich bin) meer
22. rauschen
23. horizont
24. was ist / zwischenstand III
25. benjamin ist wach jetzt

was ist / zwischenstand I

benjamin, also nochmal: was ist, wenn du der nacht
wirklich geglaubt hast, aber nicht alles, nein, scheint
so wie _____?

Geschrieben am 28.10.2022

mondtänzer [latenite rausch remix]

hier will sie ihn für immer lieben,
auch wenn die nacht sich nicht meer
dreht, wie sies mal tat:
will ich jeden rausch noch
        durch deine venen schieben,
ja, falls du magst:

während sie dann dabei leise
ihre augen schließt,
als sie auf diese ganz bestimmte weise
jeden tropfen seiner liebe genießt,
kanns doch nur einer dieser tänze sein,
die man körper:an:körper gemeinsam wagt –

so wie hier unterm mond,
bevor n licht angeht:
du, kein kuss, neinneinnein, ist je zu spät,
wenn alle zweifel mit der nächsten
                  drehung verschwinden,
als sich ihre blicke für immer aneinander binden,

ja, will ich dich: hier: will ich
dich für immer lieben
für immer

Geschrieben am 06.11.2020

oktober

jetzt haben wir oktober, & ich seh dich jedes
mal so an, wie ich dich zum ersten mal
wirklich angesehen habe, nur jedes mal immer
+ immer ein neues stück intensiver. ich weiß,
du spürst es, wie das funkeln deiner tief-
dunklen augen mich durchdringt, & wie ich weiß,
dass ich bloß sterben wollen würde, wenn du
die macht deines blickes von mir nimmst.
bitte geh nicht, flüster ich + du: nein, baby,
ich bleibe für immer.
weißt du eigentlich, dass du für mich wie
die rauschende wärme eines sommers bist,
der das ganze jahr lang ist, & dass ich mir
nur wünscht, dass dus wüsstest, ich würde zu
dir durch die ganze stadt rennen, hätt ich
heut bloß nur sieben minuten mit dir, auch
wenn ichs dir nicht sag am telefon

Geschrieben am 03.10.2022.
Für mein Babyherz

flammen

die buchstaben deines namens liegen einzeln
auf meiner zunge. ich forme sie mit meinen
lippen + will dich rufen die halbe nacht,
die ganze nacht, jede einzelne minute, weißtdu?,
solange alle uhren schlagen auf der ganzen welt.
ich weiß, du hörst *mich*. ich weiß, du fühlst
in mir die sehnsucht steigen + steigen + spürst
meine berührung auf dir, ja, genau so wie ich sie
meine, wenn du hier bist: & so wie ich sie meine,
wenn ich jetzt deine wange berühr aufm telefon,
ja, deine lippen, und du nichts sagst bis morgen
früh, keine gute nacht, als du deine flammenden
augen so mild vor tiefer müdigkeit wie in zeitlupe
vor mir schließt + ich hier bleib: bei dir hier bleib

Geschrieben am 30.10.2022.
Für mein Babyherz

lass die welt warten [nächster:morgen:remix]

wie du hier vor mir stehst + ich...
ja, glaubst du wirklich, ich könnte dich
jetzt einfach so gehen lassen //

+ ich bliebe hier allein zurück
zwischen dieser begierde,
die letzte nacht nicht von mir wich,
+ der noch wärme unsrer weißen laken?

glaubst du das wirklich...

oder denkst du nicht eher, die strenge meiner hände
spricht wie deine geschlossenen augen 1000 bände
+ überall dein leuchten an den wänden... und:

¿dabei der kuss,... der uns verführt?
dieser atem auf deiner haut, den du spürst,
wenn alles:hier:von:mir
sich:tief:in:dir,
ja?!, verliert //

komm zurück. komm, du weißt es...
ja, komm zurück –

die welt da draußen kann noch warten

*Geschrieben + zuvor einzelveröfffentlicht am 13.08.2016
auf der Facebook-Autorenseite BEN KRETLOW.
Die Originalfassung des Stücks erschien in dem Band
#DieLetzteFarbe, 2016*

was ist / zwischenstand II

& wenn du nun deine augen schließt,
erkennst du vielleicht den grund,
warum adam
              niemals
                      eva
                            verließ

Geschrieben am 31.10.2022

(du weißt, du bist) meer

lass dich fallen aus allen schemen, in denen
sie dich verwebt haben. jede furcht, die sie
dich fühlen lassen wollten, und du hattest angebissen
+ dich in ihren klauen verfangen: ja, lass all
das los. komm, leg deine unsicherheiten zur seite.
leg deine zweifel zur seite. lass deine tränen
zu boden fallen bis zum letzten tropfen, bis
nichts meer davon fließt in deinem system: du
weißt, du bist meer als ein tanz so ungesehen
am rand der nacht. & wenn du glaubst, alles
in dir isso leise, dann isses genau *das* geräusch,
von dem jemand träumt bei nacht, bei tag.

Geschrieben am 03.11.2022

(ich weiß, ich bin) meer

ich bin endlich die hälfte eines mondes, den *nicht*
jeder sieht. ich bin der anfang von einem sturm,
ob er nun meinen namen trägt oder nicht: & ja,
dabei bin ich auch die eine blume, die selbst
in ihrer schönheit bricht, so sehr ich mich auch
davor behüte: ich lass alles los.
wenn ich letztlich die art eines ganges bin, der
nicht stillstand ist, dann kann ich selbst so tief
stürzen, dass ich weiß, etwas greift nach mir in
der wirklich allerletzten sekunde, egal was kommt.
ich bin der raue herbst, & ich bin der milde
frühling, & vielleicht bin ich ein morphiumgleiches
beruhigen, wenn mir jemand in die augen sieht,
der nur treibt + treibt. ja, ich bin das erwachen
aus einem traum, & alles, was ich darin gesehen
habe, seh ich auch jetzt exakt so vor meinen augen.
ich bin das wache klirren der nacht. & hör doch,
wie ich rausche... ja, so als wär ich (das) meer

Geschrieben am 03.11.2022

rauschen

dich vermissen
kommt wie in wellen,
sagt er,

& du, heute nacht
ertrinke ich
ertrinke ich
ertrinke
ich

wie ein kuss,
der sich nicht meer
an uns erinnert:

lass mich einfach treiben,
wie du mich treiben lässt
hinaus mit der strömung –:

& wo immer sich
meine augen dann auch schließen,
ein teil deiner liebe, ja,

bleibt in mir.

Geschrieben am 01.03.2018

horizont

ich streife durch die dünen + der kühle ostseewind
im november an meinem kragen. ja, die kälte
des sands spüre ich unter meinen schuhen, während
ich meine augen schließe + zähle bis eins, zwei, ...
wer mir in wirklichkeit gefehlt, ja, das bin ich, flüstert
er + schaut hinaus auf einen horizont, der alles sein
kann, wenn ich nur wirklich daran glaube

Geschrieben am 07.11.2022

was ist / zwischenstand III

weil was letztlich bleibt, bist DU. alle rosen
verwelken irgendwann. jedes blatt fällt. jede
entscheidung. jeder regen vergeht. jeder
november genauso + jeder mond auch.
was letztlich bleibt, bist DU. wenn du eines
tages aufwachst in einem ganz andern leben,
glaub mir, dann sind da all diese bilder, & du,
ja, wirst nach ihnen greifen + sie *sehen*

Geschrieben am 10.11.2022

benjamin ist wach jetzt

es gibt so viele gründe,
warum ich hier nicht hingehör.
& genauso viele gründe,
warum ich hier bin.

wach in meinen träumen
außerhalb meines kopfs,
folg ich meinen spuren
überall hin.

ich bin frei jetzt von dem,
was sie meinen,
und von dem bild,
das sie von mir sehen.

schmecke ich jetzt die nacht
auf meiner haut,
ergeben alle rätsel gelöst
die antwort LEBEN!

Geschrieben am 19.10.2022

danksagung

für mein babyherz + unsre engel: DANKE aus tiefstem
herzen für eure ganze liebe + inspiration. ihr seid für
mich ALLES! & ja, ich fühl, bei gott, sieweißes ♡.

weiteren dank an: die familie, haydar karaldi, dakini
böhmer, sünje lewejohann, kevin prox, florian kziensik /
flen, tobias reimer, deniz s., an meinen protagonisten in
diesem mixtape: benjamin winter – sowie an alle, deren
namen hier nicht stehen, aber die darum wissen, dass
ich sie sehe + was sie für mich sind:

*mögen wir wieder ein bisschen meer lernen, in herzen zu
sehen anstatt in farben.* #wortkunstfürtoleranz
#wortkünstlerinnengegenrechts #blacklivesmatter
#meerliebefüreinander

Ben Kretlow, geboren 1985 als Benjamin William Kretlow, ist ein deutscher Schriftsteller und lebt in Kiel.

Ausgezeichnet als Autor des Monats Februar 2014 von XinXii.com, Europas größtes Selfpublisher-Onlineportal.

Unter anderem letzte Veröffentlichungen der Bände *"#DieLetzteFarbe"* (2016, als Printausgabe + eBook), *"2 zeilen & ein stift... gedichte"* (2018, als eBook), *"vom rand der nacht"* (2020, als Printausgabe + eBook), *"xposé. Gedichte 2013-2021"* (2021, als Printausgabe + eBook) sowie *"BLACK ALBUM. traumfäng3r/bootleg"* (2022, als Printausgabe + eBook).

Darüber hinaus ist Ben Kretlow Projektinitiator des *SternenBlick*-Projektes sowie Mitherausgeber des ersten Jahrbuchs *"SternenBlick – Ein Gedicht für ein Kinderlachen"* (2014).

Weitere Informationen + Neuigkeiten von + über
den Künstler finden Sie hier: benkretlow.de
Kontakt + Anfragen an: info@benkretlow.de

meer
liebe
füreinander.